В некиим царстве, в некиим государстве жил-был богатый купец, именитый человек.

Много у него было всякого богатства, дорогих товаров заморских, жемчугу, драгоценных камениев, золотой и серебряной казны; и было у того купца три дочери, все три красавицы писаные, а меньша́я лучше всех; и любил он дочерей своих больше всего своего богатства, жемчугов, драгоценных камениев, золотой и серебряной казны – по той причине, что он был вдовец и любить ему было некого; любил он старших дочерей, а меньшую дочь любил больше, потому что она была собой лучше всех и к нему ласковее.

Вот и собирается тот купец по своим торговым делам за́ море, за тридевять земель, в тридевятое царство, в тридесятое государство, и говорит он своим любезным дочерям:

– Дочери мои милые, дочери мои хорошие, дочери мои пригожие, еду я по своим купецким делам за тридевять земель, в тридевятое царство, в тридесятое государство, и мало ли, много ли времени проезжу – не ведаю, и наказываю я вам жить без меня честно и смирно, и коли вы будете жить без меня честно и смирно, то привезу вам такие гостинцы, каких вы сами захотите, и даю я вам сроку думать на три дня, и тогда вы мне скажете, каких гостинцев вам хочется.

С.Т. АКСАКОВ
АЛЕНЬКИЙ ЦВЕТОЧЕК

Сказка ключницы Пелагеи

Ростов-на-Дону
АО «Книга»
2018

Думали они три дня и три ночи и пришли к своему родителю, и стал он их спрашивать, каких гостинцев желают. Старшая дочь поклонилась отцу в ноги да и говорит ему первая:

– Государь ты мой батюшка родимый! Не вози ты мне золотой и серебряной парчи, ни мехов чёрного соболя, ни жемчуга бурмицкого; а привези ты мне золотой венец из камениев самоцветных, и чтоб был от них такой свет, как от месяца полного, как от солнца красного, и чтоб было от него светло в тёмную ночь, как среди дня белого.

Честно́й купец призадумался и сказал потом:

— Хорошо, дочь моя милая, хорошая и пригожая, привезу я тебе таковой венец; знаю я за морем такого человека, который достанет мне таковой венец; а и есть он у одной королевишны заморской, а и спрятан он в кладовой каменной, а и стоит та кладовая в каменной горе, глубиной на три сажени, за тремя дверьми железными, за тремя замками немецкими. Работа будет немалая; да для моей казны супротивного нет.

Поклонилась ему в ноги дочь середняя и говорит:

— Государь ты мой батюшка родимый! Не вози ты мне золотой и серебряной парчи, ни чёрных мехов соболя сибирского, ни ожерелья жемчуга бурмицкого, ни золота венца самоцветного, а привези ты мне тувалет из хрусталю восточного, цельного, беспорочного, чтобы, глядя в него, видела я всю красоту поднебесную и чтоб, смотрясь в него, я не старилась и красота б моя девичья прибавлялася.

Призадумался честной купец и, подумав мало ли, много ли времени, говорит ей таковые слова:

— Хорошо, дочь моя милая, хорошая и пригожая, достану я тебе таковой хрустальный тувалет; а и есть

он у дочери короля персидского, молодой королевишны, красоты несказанной, неописанной и негаданной;
и схоронен тот тувалет в терему каменном, высоком,
и стоит он на горе каменной, вышина той горы в три-
ста сажень, за семью дверьми железными, за семью
замками немецкими, и ведут к тому терему ступеней
три тысячи, и на каждой ступени стоит по воину пер-
сидскому и день и ночь с саблею наголо булатною, и
ключи от тех дверей железных носит королевишна на
поясе. Знаю я за морем такого человека, и достанет
он мне таковой тувалет. Потяжеле твоя работа сестри-
ной, да для моей казны супротивного нет.

Поклонилась в ноги отцу меньшая дочь и говорит таково слово:

— Государь ты мой батюшка родимый! Не вози ты мне золотой и серебряной парчи, ни чёрных соболей сибирских, ни ожерелья бурмицкого, ни венца само-цветного, ни тувалета хрустального, а привези ты мне *аленький цветочек*, которого бы не было краше на бе-лом свете.

Призадумался честной купец крепче прежнего. Ма-ло ли, много ли времени он думал, доподлинно ска-зать не могу; надумавшись, он целует, ласкает, при-голубливает свою меньшую дочь, любимую, и говорит таковые слова:

— Ну, задала ты мне работу, потяжеле сестриных: коли знаешь, что искать, то как не сыскать, а как найти то, чего сам не знаешь? Аленький цветочек не хитро́ найти, да как же узнать, что краше его нет на белом свете? Буду стараться, а на гостинце не взыщи.

И отпустил он дочерей своих, хороших, пригожих, в ихние терема девичьи. Стал он собираться в путь, во дороженьку, в дальние края заморские. Долго ли, много ли он собирался, я не знаю и не ведаю: скоро сказка сказывается, не скоро дело делается. Поехал он в путь, во дороженьку.

Вот ездит честной купец по чужим сторонам заморским, по королевствам невиданным; продаёт свои товары втридорога, покупает чужие втридешева, он меняет товар на товар и того сходней, со придачею серебра да золота; золотой казной корабли нагружа-

ет да домой посылает. Отыскал он заветный гостинец для своей старшей дочери: венец с каменьями самоцветными, а от них светло в тёмную ночь, как бы в белый день. Отыскал заветный гостинец и для своей середней дочери: тувалет хрустальный, а в нём видна вся красота поднебесная, и, смотрясь в него, девичья красота не стареется, а прибавляется. Не может он только найти заветного гостинца для меньшой, любимой дочери – аленького цветочка, краше которого не было бы на белом свете.

13

Находил он во садах царских, королевских и султановых много аленьких цветочков такой красоты, что ни в сказке сказать, ни пером написать; да никто ему поруки не даёт, что краше того цветка нет на белом свете; да и сам он того не думает.

Вот едет он путём-дорогою со своими слугами верными по пескам сыпучим, по лесам дремучим, и, откуда ни возьмись, налетели на него разбойники, бусурманские, турецкие да индейские, и, увидя беду неминучую, бросает честной купец свои караваны богатые со прислугою своей верною и бежит в тёмные леса. «Пусть-де меня растерзают звери лютые, чем попасться мне в руки разбойничьи, поганые и доживать свой век в плену во неволе».

Бродит он по тому лесу дремучему, непроездному, непроходному, и что дальше идёт, то дорога лучше становится, словно деревья перед ним расступаются, а часты кусты раздвигаются. Смотрит назад – руки́ не просунуть, смотрит направо – пни да колоды, зайцу косому не проскочить, смотрит налево – а и хуже того. Дивуется честной купец, думает не придумает, что с ним за чудо совершается, а сам всё идёт да идёт: у него под ногами дорога торная. Идёт он день от утра до вечера, не слышит ни рёву звериного, ни шипения змеиного, ни крику совиного, ни голоса птичьего: ровно около него всё повымерло.

Вот пришла и тёмная ночь; кругом его хоть глаз выколи, а у него под ногами светлёхонько. Вот идёт он, почитай, до полуночи, и стал видеть впереди будто зарево, и подумал он: «Видно, лес горит, так зачем же мне туда идти на верную смерть, неминучую?»

Поворотил он назад — нельзя идти; направо, налево — нельзя идти; сунулся вперёд — дорога торная.

«Дай постою на одном месте, – может, зарево пойдёт в другую сторону аль прочь от меня, аль потухнет совсем».

Вот и стал он, дожидается; да не тут-то было; зарево точно к нему навстречу идёт, и как будто около него светлее становится; думал он, думал и порешил идти вперёд. Двух смертей не бывать, а одной не миновать.

Перекрестился купец и пошёл вперёд. Чем дальше идёт, тем светлее становится, и стало, почитай, как белый день, а не слышно шуму и треску пожарного. Выходит он под конец на поляну широкую, и посередь той поляны широкой стоит дом не дом, чертог не чертог, а дворец королевский или царский, весь в огне, в серебре и золоте и в каменьях самоцветных, весь горит и светит, а огня не видать; ровно солнышко красное, инда тяжело на него глазам смотреть. Все окошки во дворце растворены, и играет в нём музы́ка согласная, какой никогда он не слыхивал.

Входит он на широкий двор, в ворота широкие, растворённые; дорога пошла из белого мрамора, а по сторонам бьют фонтаны воды, высокие, большие и малые. Входит он во дворец по лестнице, устланной кармазинным сукном, со перилами позолоченными; вошёл в горницу — нет никого; в другую, в третью — нет никого; в пятую, десятую — нет никого; а убранство везде царское, неслыханное и невиданное: золото, серебро, хрустали восточные, кость слоновая и мамонтовая.

Дивится честной купец такому богатству несказанному, а вдвое того, что хозяина нет; не только хозяина, и прислуги нет; а музыка играет не смолкаючи; и подумал он в те поры про себя: «Всё хорошо, да есть нечего», – и вырос перед ним стол, убранный-разубранный: в посуде золотой да серебряной яства стоят сахарные, и вина заморские, и питья медвяные. Сел он за стол без сумления; напился, наелся досыта, потому что не ел сутки целые; кушанье такое, что и сказать нельзя, – того и гляди, что язык проглотишь, а он, по лесам и пескам ходючи, крепко проголодался; встал он из-за стола, а поклониться некому и сказать спасибо за хлеб за соль некому. Не успел он встать да оглянуться, а стола с кушаньем как не бывало, а музыка играет не умолкаючи.

Дивуется честной купец такому чуду чу́дному и такому диву дивному, и ходит он по палатам изукрашенным да любуется, а сам думает: «Хорошо бы теперь соснуть да всхрапнуть», — и видит, стоит перед ним кровать резная, из чистого золота, на ножках хрустальных, с пологом серебряным, с бахромою и кистями жемчужными; пуховик на ней как гора лежит, пуху мягкого, лебяжьего.

Дивится купец такому чуду новому, новому и чудному; ложится он на высокую кровать, задёргивает полог серебряный и видит, что он тонок и мягок, будто шёлковый.

Стало в палате темно, ровно в сумерки, и музыка играет будто издали, и подумал он: «Ах, кабы мне дочерей хоть во сне увидать!» – и заснул в ту же минуточку.

Просыпается купец, а солнце уже взошло выше дерева стоячего. Проснулся купец, а вдруг опомниться не может: всю ночь видел он во сне дочерей своих любезных, хороших и пригожих, и видел он дочерей своих старших, старшую и середнюю, что они веселым-веселёхоньки, а печальна одна дочь меньшая, любимая; что у старшей и середней дочери есть женихи богатые и что собираются они выйти замуж, не дождавшись его благословения отцовского; меньшая же дочь, любимая, красавица писаная, о женихах и слышать не хочет, покуда не воротится её родимый батюшка. И стало у него на душе и радостно и не радостно.

Встал он со кровати высокой, платье ему всё приготовлено, и фонтан воды бьёт в чашу хрустальную; он одевается, умывается и уж новому чуду не дивуется: чай и кофей на столе стоят, и при них закуска сахарная. Помолившись Богу, он накушался, и стал он опять по палатам ходить, чтоб опять на них полюбоваться при свете солнышка красного. Всё показалось ему лучше вчерашнего. Вот видит он в окна растворённые, что кругом дворца разведены сады диковинные, плодовитые и цветы цветут красоты неописанной. Захотелось ему по тем садам прогулятися.

Сходит он по другой лестнице из мрамора зелёного, из малахита медного, с перилами позолоченными, сходит прямо в зелены сады. Гуляет он и любуется: на деревьях висят плоды спелые, румяные, сами в рот так и просятся, инда, глядя на них, слюнки текут; цветы цветут распрекрасные, махровые, пахучие, всякими красками расписанные; птицы летают невиданные: словно по бархату зелёному и пунцовому золотом и серебром выложенные, песни поют райские; фонтаны воды бьют высокие, инда глядеть на их вышину – голова запрокидывается; и бегут и шумят ключи родниковые по колодам хрустальным.

Ходит честной купец, дивуется; на все такие диковинки глаза у него разбежалися, и не знает он, на что смотреть и кого слушать. Ходил он так много ли, мало ли времени – неведомо: скоро сказка сказывается, не скоро дело делается. И вдруг видит он, на пригорочке зелёном цветёт цветок цвету алого, красоты невиданной и неслыханной, что ни в сказке сказать,

ни пером написать. У честного купца дух занимается; подходит он ко тому цветку; запах от цветка по всему саду ровно струя бежит; затряслись и руки и ноги у купца, и возговорил он голосом радостным:

– Вот аленький цветочек, какого нет краше на всём белом свете, о каком просила меня дочь меньшая, любимая.

И, проговорив таковы слова, он подошёл и сорвал аленький цветочек. В ту же минуту, безо всяких туч, блеснула молния и ударил гром, инда земля зашаталася под ногами, – и вырос, как будто из земли, перед купцом зверь не зверь, человек не человек, а так, какое-то чудище, страшное и мохнатое, и заревел он голосом диким:

– Что ты сделал? Как ты посмел сорвать в моём саду мой заповедный, любимый цветок? Я хранил его паче зеницы ока моего и всякий день утешался, на него глядючи, а ты лишил меня всей утехи в моей жизни. Я хозяин дворца и сада, я принял тебя как дорогого гостя и званого, накормил, напоил и спать уложил, а ты эдак-то заплатил за моё добро? Знай же свою участь горькую: умереть тебе за свою вину смертью безвременною!..

37

И несчётное число голосов диких со всех сторон завопило:

— Умереть тебе смертью безвременною!

У честного купца от страха зуб на зуб не приходил, он оглянулся кругом и видит, что со всех сторон, из-под каждого дерева и кустика, из воды, из земли лезет к нему сила нечистая и несметная, всё страшилища безобразные. Он упал на колени перед на́большим хозяином, чудищем мохнатым, и возговорил голосом жалобным:

— Ох ты гой еси, господин честной, зверь лесной, чудо морское: как взвеличать тебя — не знаю, не ведаю! Не погуби ты души моей христианской за мою продерзость безвинную, не прикажи меня рубить и казнить, прикажи слово вымолвить. А есть у меня три дочери, три дочери красавицы, хорошие и пригожие; обещал я им по гостинцу привезть: старшей дочери — самоцветный венец, середней дочери — тувалет хрустальный, а меньшой дочери — аленький цветочек, какого бы не было краше на белом свете. Старшим дочерям гостинцы я сыскал, а меньшой дочери гостинца отыскать не

мог; увидел я такой гостинец у тебя в саду – аленький цветочек, какого краше нет на белом свете, и подумал я, что такому хозяину, богатому-богатому, славному и могучему, не будет жалко цветочка аленького, о каком просила меня меньшая дочь, любимая. Каюсь я в своей вине перед твоим величеством. Ты прости мне, неразумному и глупому, отпусти меня к моим дочерям родимым и подари мне цветочек аленький для гостинца моей меньшой, любимой дочери. Заплачу я тебе казны золотой, что потребуешь.

Раздался по лесу хохот, словно гром загремел, и возговорит купцу зверь лесной, чудо морское:

— Не надо мне твоей золотой казны: мне своей девать некуда. Нет тебе от меня никакой милости, и разорвут тебя мои слуги верные на куски, на части мелкие. Есть одно для тебя спасенье. Я отпущу тебя домой невредимого, награжу казной несчётною, подарю цветочек аленький, коли дашь ты мне слово честное купецкое и запись своей руки, что пришлёшь заместо себя одну из дочерей своих, хороших, пригожих; я обиды ей никакой не сделаю, а и будет она жить у меня в чести и приволье, как сам ты жил во дворце моём. Стало скучно мне жить одному, и хочу я залучить себе товарища.

Так и пал купец на сыру землю, горючими слезами обливается; а и взглянет он на зверя лесного, на
чудо морское, а и вспомнит он своих дочерей, хороших, пригожих, а и пуще того завопит истошным голосом: больно страшен был лесной зверь, чудо морское.
Много времени честной купец убивается и слезами
обливается, и возговорит он голосом жалобным:

– Господин честной, зверь лесной, чудо морское! А и как мне быть, коли дочери мои, хорошие и пригожие, по своей воле не захотят ехать к тебе? Не связать же мне им руки и ноги да насильно прислать? Да и каким путём до тебя доехать? Я ехал к тебе ровно два года, а по каким местам, по каким путям, я не ведаю.

Возговорит купцу зверь лесной, чудо морское:

— Не хочу я невольницы: пусть приедет твоя дочь сюда по любви к тебе, своей волею и хотением; а коли дочери твои не поедут по своей воле и хотению, то сам приезжай, и велю я казнить тебя смертью лютою. А как приехать ко мне — не твоя беда; дам я тебе перстень с руки моей: кто наденет его на правый мизинец, тот очутится там, где пожелает, во единое ока мгновение. Сроку тебе даю дома побыть три дня и три ночи.

Думал, думал купец думу крепкую и придумал так: «Лучше мне с дочерьми повидатися, дать им своё родительское благословение, и коли они избавить меня от смерти не захотят, то приготовиться к смерти по долгу христианскому и воротиться к лесному зверю, чуду морскому». Фальши у него на уме не было, а потому он рассказал, что у него было в мыслях. Зверь лесной, чудо морское, и без того их знал; видя его правду, он и записи с него заручной не взял, а снял с своей руки золотой перстень и подал его честному купцу.

И только честной купец успел надеть его на правый мизинец, как очутился он в воротах своего широкого двора; в ту пору в те же ворота въезжали караваны богатые с прислугою верною, и привезли они казны и товаров втрое противу прежнего.

Поднялся в доме шум и гвалт, повскакали дочери из-за пялец своих, а вышивали они серебром и золотом ширинки шелко́вые; почали они отца целовать, миловать и разными ласковыми именами называть, и две старшие сестры лебезят пуще меньшой сестры.

Видят они, что отец как-то нерадостен и что есть у него на сердце печаль потаённая. Стали старшие дочери его допрашивать, не потерял ли он своего богатства великого; меньшая же дочь о богатстве не думает, и говорит она своему родителю:

— Мне богатства твои ненадобны; богатство дело наживное, а открой ты мне своё горе сердешное.

И возговорит тогда честной купец своим дочерям родимым, хорошим и пригожим:

— Не потерял я своего богатства великого, а нажил казны втрое-вчетверо; а есть у меня другая печаль, и скажу вам об ней завтрашний день, а сегодня будем веселитися.

Приказал он принести сундуки дорожные, желе-
зом окованные; доставал он старшей дочери золотой
венец, золота аравийского, на огне не горит, в воде
не ржавеет, со камнями самоцветными; достаёт гостинец средней дочери, тувалет хрусталю восточного; достаёт гостинец меньшой дочери, золотой кувшин

с цветочком аленьким. Старшие дочери от радости рехнулися, унесли свои гостинцы в терема высокие и там на просторе ими досыта потешалися. Только дочь меньшая, любимая, увидав цветочек аленький, затряслась вся и заплакала, точно в сердце её что ужалило. Как возговорит к ней отец таковы речи:

– Что же, дочь моя милая, любимая, не берёшь ты своего цветка желанного? Краше его нет на белом свете.

Взяла дочь меньшая цветочек аленький ровно нехотя, целует руки отцовы, а сама плачет горючими слезами. Скоро прибежали дочери старшие, попытали они гостинцы отцовские и не могут опомниться от радости. Тогда сели все они за столы дубовые, за скатерти браные, за яства сахарные, за пития медвяные; стали есть, пить, прохлаждатися, ласковыми словами утешатися.

Ввечеру гости понаехали, и стал дом у купца пол-
нёхонек дорогих гостей, сродников, угодников, при-
хлебателей. До полуночи беседа продолжалася, и та-
ков был вечерний пир, какого честной купец у себя в
дому не видывал, и откуда что бралось, не мог дога-
даться он, да и все тому дивовалися: и посуды золо-
той-серебряной, и кушаний диковинных, каких никогда
в дому не видывали.

Заутра позвал к себе купец старшую дочь, рассказал ей всё, что с ним приключилося, всё от слова до
слова, и спросил: хочет ли она избавить его от смерти
лютой и поехать жить к зверю лесному, чуду морскому? Старшая дочь наотрез отказалася и говорит:

— Пусть та дочь и выручает отца, для кого он доставал аленький цветочек.

Позвал честной купец к себе другую дочь, середнюю, рассказал ей всё, что с ним приключилося, всё от слова до слова, и спросил: хочет ли она избавить его от смерти лютой и поехать жить к зверю лесному, чуду морскому? Средняя дочь наотрез отказалася и говорит:

– Пусть та дочь и выручает отца, для кого он доставал аленький цветочек.

Позвал честной купец меньшую дочь и стал ей всё рассказывать, всё от слова до слова, и не успел кончить речи своей, как стала перед ним на колени дочь меньшая, любимая, и сказала:

– Благослови меня, государь мой батюшка родимый: я поеду к зверю лесному, чуду морскому, и стану
жить у него. Для меня достал ты аленький цветочек, и
мне надо выручить тебя.

Залился слезами честной купец, обнял он свою меньшую дочь, любимую, и говорит ей таковые слова:

– Дочь моя милая, хорошая, пригожая, меньшая и любимая, да будет над тобою моё благословение родительское, что выручаешь ты своего отца от смерти лютой и по доброй воле своей и хотению идёшь на житьё противное к страшному зверю лесному, чуду морскому. Будешь жить ты у него во дворце, в богатстве и приволье великом; да где тот дворец – никто не знает, не ведает, и нет к нему дороги ни конному, ни пешему, ни зверю прыскучему, ни птице перелётной. Не будет нам от тебя ни слуха, ни весточки, а тебе от нас и подавно. И как мне доживать мой горький век, лица твоего не видаючи, ласковых речей твоих не слыхаючи? Расстанусь я с тобой на веки вечные, ровно тебя живую в землю хороню.

И возговорит отцу дочь меньшая, любимая:

– Не плачь, не тоскуй, государь мой батюшка родимый; житьё моё будет богатое и привольное: зверя лесного, чуда морского я не испугаюся, буду служить ему верою и правдою, исполнять его волю господскую, а может, он надо мной и сжалится. Не оплакивай ты меня живую, словно мёртвую: может, Бог даст, я и вернусь к тебе.

Плачет, рыдает честной купец, таковыми речами не утешается.

Прибегают сёстры старшие, бо́льшая и середняя, подняли плач по всему дому: вишь, больно им жалко меньшой сестры, любимой; а меньшая сестра и виду печального не кажет, не плачет, не охает и в дальний путь неведомый собирается. И берёт с собою цветочек аленький во кувшине позолоченном.

Прошёл третий день и третья ночь, пришла пора расставаться честному купцу, расставаться с дочерью меньшою, любимою; он целует, милует её, горючими слезами обливает и кладёт на неё крестное благословение своё родительское. Вынимает он перстень зве-

ря лесного, чуда морского, из ларца кованого, наде-
вает перстень на правый мизинец меньшой любимой
дочери — и не стало её в ту же минуточку со всеми её
пожитками.

Очутилась она во дворце зверя лесного, чуда морского, во палатах высоких, каменных, на кровати из резного золота со ножками хрустальными, на пуховике пуха лебяжьего, покрытом золотой камкой, ровно она и с места не сходила, ровно она целый век тут жила, ровно легла почивать да проснулася. Заиграла музыка согласная, какой отродясь она не слыхивала.

Встала она с постели пуховой и видит, что все её пожитки и цветочек аленький в кувшине позолоченном тут же стоят, раскладены и расставлены на столах зелёных малахита медного, и что в той палате много добра и скарба всякого, есть на чём посидеть-полежать, есть во что приодеться, есть во что посмотреться. И была одна стена вся зеркальная, а другая стена золочёная, а третья стена вся серебряная, а четвёртая стена из кости слоновой и мамонтовой, самоцветными яхонтами вся разубранная; и подумала она: «Должно быть, это моя опочивальня».

Захотелось ей осмотреть весь дворец, и пошла она осматривать все его палаты высокие, и ходила она немало времени, на все диковинки любуючись; одна палата была краше другой, и все краше того, как рассказывал честной купец, государь её батюшка родимый. Взяла она из кувшина золочёного любимый цветочек аленький, сошла она в зелены сады, и запели ей птицы свои песни райские, а деревья, кусты и цветы замахали своими верхушками и ровно перед ней преклонилися; выше забили фонтаны воды и громче зашумели ключи родниковые; и нашла она то место высокое, пригорочек муравчатый, на котором сорвал честной купец цветочек аленький, краше которого нет на белом свете. И вынула она тот цветочек аленький из кувшина золочёного и хотела посадить на место прежнее; но сам он вылетел из рук её и прирос к стеблю прежнему и расцвёл краше прежнего.

Подивилась она такому чуду чудному, диву дивному, порадовалась своему цветочку аленькому, заветному и пошла назад в палаты свои дворцовые; и в одной из них стоит стол накрыт, и только она подумала: «Видно, зверь лесной, чудо морское, на меня не гневается, и будет он ко мне господин милостивый», – как на белой мраморной стене появилися словеса огненные:

«Не господин я твой, а послушный раб. Ты моя госпожа, и всё, что тебе пожелается, всё, что тебе на ум придёт, исполнять я буду с охотою».

Прочитала она словеса огненные, и пропали они со стены белой мраморной, как будто их никогда не бывало там. И вспало ей на мысли написать письмо к своему родителю и дать ему о себе весточку. Не успела она о том подумати, как видит она, перед нею бумага лежит, золотое перо со чернильницей. Пишет она письмо к своему батюшке родимому и сестрицам своим любезным:

«Не плачьте обо мне, не горюйте, я живу во дворце у зверя лесного, чуда морского, как королевишна; самого его не вижу и не слышу, а пишет он ко мне на стене беломраморной словесами огненными; и знает он всё, что у меня на мысли, и в ту же минуту всё исполняет, и не хочет он называться господином моим, а меня называет госпожой своей».

Не успела она письмо написать и печатью припечатать, как пропало письмо из рук и из глаз её, словно его тут и не было. Заиграла музыка пуще прежнего, на столе явились яства сахарные, питья медвяные, вся посуда золота червонного. Села она за стол веселёхонька, хотя сроду не обедала одна-одинёшенька; ела она, пила, прохлаждалася, музыкою забавлялася. После обеда, накушавшись, она опочивать легла; заиграла музыка потише и подальше – по той причине, чтоб ей спать не мешать.

После сна встала она веселёшенька и пошла опять гулять по садам зелёным, потому что не успела она до обеда обходить и половины их, наглядеться на все их диковинки. Все деревья, кусты и цветы перед ней преклонялися, а спелые плоды − груши, персики и наливные яблочки сами в рот лезли. Походив время немалое, почитай вплоть до вечера, воротилась она во свои палаты высокие, и видит она, стол накрыт, и на столе яства стоят сахарные и питья медвяные, и все отменные.

После ужина вошла она в ту палату беломраморную, где читала она на стене словеса огненные, и видит она на той же стене опять такие же словеса огненные:

«Довольна ли госпожа моя своими садами и палатами, угощеньем и прислугою?»

И возговорила голосом радостным молодая дочь купецкая, красавица писаная:

Довольна ли тосподи своими садами й палат угощеньем и прислугой

    — Не зови ты меня госпожой своей, а будь ты всегда мой добрый господин, ласковый, милостивый. Я из воли твоей никогда не выступлю. Благодарствую тебе за всё твоё угощение. Лучше твоих палат высоких и твоих садов зелёных не найти на белом свете: то и как же мне довольною не быть? Я отродясь таких чудес не видывала. Я от такого дива ещё в себя не приду, только боюсь я почивать одна; во всех твоих палатах высоких нет ни души человеческой.

Появилися на стене словеса огненные:

«Не бойся, моя госпожа прекрасная: не будешь ты почивать одна, дожидается тебя твоя девушка сенная, верная и любимая; и много в палатах душ человеческих, а только ты их не видишь и не слышишь и все они вместе со мною берегут тебя и день и ночь: не дадим мы на тебя ветру венути, не дадим и пылинке сесть».

И пошла почивать в опочивальню свою молодая дочь купецкая, красавица писаная, и видит: стоит у

кровати её девушка сенная – верная и любимая, и стоит она чуть от страха жива; и обрадовалась она госпо-
же своей, и целует её руки белые, обнимает её ноги
резвые. Госпожа была ей также рада, принялась её
расспрашивать про батюшку родимого, про сестриц
своих старших и про всю свою прислугу девичью; после того принялась сама рассказывать, что с нею в
это время приключилося; так и не спали они до белой
зари.

Так и стала жить-поживать молодая дочь купецкая, красавица писаная. Всякий день ей готовы наряды новые, богатые и убранства такие, что цены им нет, ни в сказке сказать, ни пером написать; всякий день угощенья и веселья новые, отменные: катанье, гулянье с

музыкою на колесницах без коней и упряжи по тёмным лесам; а те леса перед ней расступалися и дорогу давали ей широкую, широкую и гладкую. И стала она рукодельями заниматися, рукодельями девичьими, вышивать ширинки серебром и золотом и низать бах-

ромы частым жемчугом; стала посылать подарки батюшке родимому, а и самую богатую ширинку подарила своему хозяину ласковому, а и тому зверю лесному, чуду морскому; а и стала она день о́то дня чаще ходить в залу беломраморную, говорить речи ласковые своему хозяину милостивому и читать на стене его ответы и приветы словесами огненными.

Мало ли, много ли тому времени прошло: скоро сказка сказывается, не скоро дело делается, – стала привыкать к своему житью-бытью молодая дочь купецкая, красавица писаная; ничему она уже не дивуется, ничего не пугается; служат ей слуги невидимые, подают, принимают, на колесницах без коней катают, в музыку играют и все её повеления исполняют. И возлюбляла она своего господина милостивого день ото дня, и видела она, что недаром он зовёт её госпожой своей и что любит он её пуще самого себя; и захотелось ей его голоса послушати, захотелось с ним разговор повести, не ходя в палату беломраморную, не читая словесов огненных.

Стала она его о том молить и просить; да зверь лесной, чудо морское, не скоро на её просьбу соглашается, испугать её своим голосом опасается; упросила, умолила она своего хозяина ласкового, и не мог он ей супротивным быть, и написал он ей в последний раз на стене беломраморной словесами огненными:

«Приходи сегодня во зелёный сад, сядь во свою беседку любимую, листьями, ветками, цветами заплетённую, и скажи так: «Говори со мной, мой верный раб».

И мало спустя времечка побежала молодая дочь купецкая, красавица писаная, во сады зелёные, входила
во беседку свою любимую, листьями, ветками, цветами заплетённую, и садилась на скамью парчовую; и
говорит она задыхаючись, бьётся сердечко у ней, как
у пташки пойманной, говорит таковые слова:

— Не бойся ты, господин мой, добрый, ласковый,
испугать меня своим голосом: после всех твоих милостей не убоюся я и рёва звериного; говори со мной не
опасаючись.

И услышала она, ровно кто вздохнул за бесед-
кою, и раздался голос страшный, дикий и зычный,
хриплый и сиплый, да и то говорил он ещё впол-
голоса. Вздрогнула сначала молодая дочь купецкая,
красавица писаная, услыхав голос зверя лесного,
чуда морского, только со страхом своим совладала
и виду, что испугалась, не показала, и скоро слова
его ласковые и приветливые, речи умные и разумные стала слушать она и заслушалась, и стало у ней
на сердце радостно.

С той поры, с того времечка пошли у них разговоры, почитай, целый день – во зелёном саду на гуляньях, во тёмных лесах на катаньях и во всех палатах высоких. Только спросит молодая дочь купецкая, красавица писаная:

– Здесь ли ты, мой добрый, любимый господин?

Отвечает лесной зверь, чудо морское:

– Здесь, госпожа моя прекрасная, твой верный раб, неизменный друг.

И не пугается она его голоса дикого и страшного, и пойдут у них речи ласковые, что конца им нет.

Прошло мало ли, много ли времени: скоро сказка сказывается, не скоро дело делается, – захотелось молодой дочери купецкой, красавице писаной, увидеть своими глазами зверя лесного, чуда морского, – и стала она его о том просить и молить. Долго он на то не соглашается, испугать её опасается, да и был он такое страшилище, что ни в сказке сказать, ни пером написать; не только люди, звери дикие его завсегда устрашалися и в свои берлоги разбегалися. И говорит зверь лесной, чудо морское, таковые слова:

— Не проси, не моли ты меня, госпожа распрекрас-
ная, красавица ненаглядная, чтобы показал я тебе
своё лицо противное, своё тело безобразное. К голо-
су моему привыкла ты; мы живём с тобой в дружбе,
согласии друг с другом, почитай, не разлучаемся, и
любишь ты меня за мою любовь к тебе несказанную, а
увидя меня, страшного и противного, возненавидишь
ты меня, несчастного, прогонишь ты меня с глаз до-
лой, а в разлуке с тобой я умру с тоски.

Не слушала таких речей молодая дочь купецкая, красавица писаная, и стала молить пуще прежнего, клясться, что никакого на свете страшилища не испугается и что не разлюбит она своего господина милостивого, и говорит ему таковые слова:

– Если ты стар человек – будь мне дедушка, если середович – будь мне дядюшка, если же молод ты – будь мне названый брат, и поколь я жива – будь мне сердечный друг.

Долго, долго лесной зверь, чудо морское, не поддавался на такие слова, да не мог просьбам и слезам своей красавицы супротивным быть, и говорит ей таково слово:

— Не могу я тебе супротивным быть по той причине, что люблю тебя пуще самого себя; исполню я твоё желание, хотя знаю, что погублю моё счастие и умру смертью безвременной. Приходи во зелёный сад в сумерки серые, когда сядет за лес солнышко красное, и скажи: «Покажись мне, верный друг!» — и покажу я тебе своё лицо противное, своё тело безобразное. А коли станет невмоготу тебе больше у меня оставатися, не хочу я твоей неволи и муки вечной: ты найдёшь в опочивальне своей, у себя под подушкою, мой золот перстень. Надень его на правый мизинец — и очутишься ты у батюшки родимого и ничего обо мне николи не услышишь.

Не убоялась, не устрашилась, крепко на себя понадеялась молодая дочь купецкая, красавица писаная. В те поры, не мешкая ни минуточки, пошла она во зелёный сад дожидатися часу урочного, и, когда пришли сумерки серые, опустилося за лес солнышко красное, проговорила она: «Покажись мне, мой верный друг!» — и показался ей издали зверь лесной, чудо морское: он прошёл только поперёк дороги и пропал в частых кус-

тах; и невзвидела света молодая дочь купецкая, красавица писаная, всплеснула руками белыми, закричала
истошным голосом и упала на дорогу без памяти. Да
и страшен был зверь лесной, чудо морское: руки кри-
вые, на руках когти звериные, ноги лошадиные, спе-
реди-сзади горбы великие верблюжие, весь мохнатый
от верху до низу, изо рта торчали кабаньи клыки, нос
крючком, как у беркута, а глаза были совиные.

Полежавши долго ли, мало ли времени, опамято-
валась молодая дочь купецкая, красавица писаная, и
слышит: плачет кто-то возле неё, горючьми слезами
обливается и говорит голосом жалостным:

— Погубила ты меня, моя красавица возлюбленная,
не видать мне больше твоего лица распрекрасного, не
захочешь ты меня даже слышати, и пришло мне умереть смертью безвременною.

И стало ей жалко и совестно, и совладала она со
своим страхом великим и с своим сердцем робким де-
вичьим, и заговорила она голосом твёрдым:

— Нет, не бойся ничего, мой господин добрый и ласковый, не испугаюсь я больше твоего вида страшного,
не разлучусь я с тобой, не забуду твоих милостей; покажись мне теперь же в своём виде давешнем; я только впервые испугалася.

Показался ей зверь лесной, чудо морское, в своём виде страшном, противном, безобразном, только близко подойти к ней не осмелился, сколько она ни звала его; гуляли они до ночи тёмной и вели беседы прежние, ласковые и разумные, и не чуяла никакого страха молодая дочь купецкая, красавица писаная. На другой день увидала она зверя лесного, чудо морское, при свете солнышка красного, и хотя сначала, разглядя его, испугалась, а виду не показала, и скоро страх её совсем прошёл. Тут пошли у них беседы пуще прежнего: день-деньской, почитай, не разлучались, за обедом и ужином яствами сахарными насыщались, питьями медвяными прохлаждались, гуляли по зелёным садам, без коней каталися по тёмным лесам.

И прошло тому немало времени: скоро сказка сказывается, не скоро дело делается. Вот однажды и при-
виделось во сне молодой купецкой дочери, красавице
писаной, что батюшка её нездоров лежит; и напала на
неё тоска неусыпная, и увидал её в той тоске и слезах
зверь лесной, чудо морское, и сильно закручинился и
стал спрашивать: отчего она во тоске, во слезах? Рассказала она ему свой недобрый сон и стала просить у
него позволения повидать своего батюшку родимого

и сестриц своих любезных. И возговорит к ней зверь лесной, чудо морское:

— И зачем тебе моё позволенье? Золот перстень мой у тебя лежит, надень его на правый мизинец и очутишься в дому у батюшки родимого. Оставайся у него, пока не соскучишься, а и только я скажу тебе: коли ты ровно через три дня и три ночи не воротишься, то не будет меня на белом свете, и умру я тою же минутою, по той причине, что люблю тебя больше, чем самого себя, и жить без тебя не могу.

Стала она заверять словами заветными и клятвами, что ровно за час до трёх дней и трёх ночей воротится во палаты его высокие. Простилась она с хозяином своим ласковым и милостивым, надела на правый мизинец золот перстень и очутилась на широком дворе честного купца, своего батюшки родимого. Идёт она на высокое крыльцо его палат каменных; набежала к ней прислуга и челядь дворовая, подняли шум и крик; прибежали сестрицы любезные

и, увидевши её, диву дались красоте её девичьей и её наряду царскому, королевскому; подхватили её под руки белые и повели к батюшке родимому; а батюшка нездоров лежал, нездоров и нерадостен, день и ночь её вспоминаючи, горючими слезами обливаючись; и не вспомнился он от радости, увидавши свою дочь милую, хорошую, пригожую, меньшую, любимую, и дивился он красоте её девичьей, её наряду царскому, королевскому.

Долго они целовалися, миловалися, ласковыми
речами утешалися. Рассказала она своему батюшке
родимому и своим сёстрам старшим, любезным, про
своё житьё-бытьё у зверя лесного, чуда морского, всё
от слова до́ слова, никакой крохи не скрываючи. И воз-
веселился честной купец её житью богатому, царскому, королевскому, и дивился, как она привыкла смотреть на своего хозяина страшного и не боится зверя
лесного, чуда морского; сам он, об нём вспоминаючи,
дрожкой дрожал. Сёстрам же старшим, слушая про
богатства несметные меньшой сестры и про власть
её царскую над своим господином, словно над рабом
своим, инда завистно стало.

День проходит, как единый час, другой день проходит, как минуточка, а на третий день стали уговаривать меньшую сестру сёстры старшие, чтоб не ворочáлась она к зверю лесному, чуду морскому: «Пусть-де околеет, туда и дорога ему...» И прогневалась на сестёр старших дорогая гостья, меньшая сестра, и сказала им таковы слова:

— Если я моему господину доброму и ласковому за все его милости и любовь горячую, несказанную заплачу его смертью лютою, то не буду я стоить того, чтобы мне на белом свете жить, и стоит меня тогда отдать диким зверям на растерзание.

И отец её, честной купец, похвалил её за такие речи хорошие, и было положено, чтобы до срока ровно за час воротилась к зверю лесному, чуду морскому, дочь хорошая, пригожая, меньшая, любимая. А сёстрам то в досаду было, и задумали они дело хитрое, дело хитрое и недоброе; взяли они да все часы в доме целым часом назад поставили, и не ведал того честной купец и вся его прислуга верная, челядь дворовая.

И когда пришёл настоящий час, стало у молодой купецкой дочери, красавицы писаной, сердце болеть и щемить, ровно стало что-нибудь подмывать её, и смотрит она то и дело на часы отцовские, аглицкие, немецкие, – а всё рано ей пускаться в дальний путь. А сёстры с ней разговаривают, о том о сём расспрашивают, позадерживают.

Однако сердце её не вытерпело; простилась дочь меньшая, любимая, красавица писаная, со честным купцом, батюшкой родимым, приняла от него благословение родительское, простилась с сёстрами старшими, любезными, со прислугой верною, челядью дворовою, и, не дождавшись единой минуточки до часа урочного, надела золот перстень на правый мизинец и очутилась во дворце белокаменном, во палатах высоких зверя лесного, чуда морского, и, дивуючись, что он её не встречает, закричала она громким голосом:

113

— Где же ты, мой добрый господин, верный друг? Что же ты меня не встречаешь? Я воротилась раньше срока назначенного целым часом со минуточкой.

Ни ответа, ни привета не было, тишина стояла мёртвая; в зелёных садах птицы не пели песни райские, не били фонтаны воды и не шумели ключи родниковые, не играла музыка во палатах высоких. Дрогнуло сердечко у купецкой дочери, красавицы писаной, почуяла она нешто недоброе; обежала она палаты высокие и сады зелёные, звала зычным голосом своего хозяина доброго — нет нигде ни ответа, ни привета и никакого гласа послушания.

Побежала она на пригорок муравчатый, где рос, красовался её любимый цветочек аленький, и видит она, что лесной зверь, чудо морское, лежит на пригорке, обхватив аленький цветочек своими лапами безобразными. И показалось ей, что заснул он, её дожида-

ючись, и спит теперь крепким сном. Начала его будить
потихоньку дочь купецкая, красавица писаная, – он не
слышит; принялась будить покрепче, схватила его за
лапу мохнатую – и видит, что зверь лесной, чудо морское, бездыханен, мёртв лежит...

Помутилися её очи ясные, подкосилися ноги резвые, пала она на колени, обняла руками белыми голову своего господина доброго, голову безобразную и противную, и завопила истошным голосом:

— Ты встань, пробудись, мой сердечный друг, я люблю тебя, как жениха желанного!..

И только таковы слова она вымолвила, как заблестели молнии со всех сторон, затряслась земля от грома великого, ударила громова стрела каменная в пригорок муравчатый, и упала без памяти молодая дочь купецкая, красавица писаная.

Много ли, мало ли времени она лежала без памяти – не ведаю; только, очнувшись, видит она себя во палате высокой, беломраморной, сидит она на золотом престоле со каменьями драгоценными, и обнимает её принц молодой, красавец писаный, на голове со короною царскою, в одежде златокованой; перед ним стоит отец с сёстрами, а кругом на коленях стоит свита великая, все одеты в парчах золотых, серебряных. И возговорит к ней молодой принц, красавец писаный, на голове со короною царскою:

— Полюбила ты меня, красавица ненаглядная, в образе чудища безобразного, за мою добрую душу и любовь к тебе; полюби же меня теперь в образе человеческом, будь моей невестой желанною. Злая волшебница прогневалась на моего родителя покойного, короля славного и могучего, украла меня, ещё малолетнего, и сатанинским колдовством своим, силой нечистою, оборотила меня в чудовище страшное и наложила таковое заклятие, чтобы жить мне в таковом виде безобразном, противном и страшном для всякого человека, для всякой твари Божией, пока найдётся красная де́вица, какого бы роду и званья ни была она, и

полюбит меня в образе страшилища и пожелает быть моей женой законною, – и тогда колдовство всё покончится, и стану я опять по-прежнему человеком молодым и пригожим. И жил я таковым страшилищем и пугалом ровно тридцать лет, и залучал я в мой дворец заколдованный одиннадцать девиц красных, а ты была двенадцатая. Ни одна не полюбила меня за мои ласки и угождения, за мою душу добрую. Ты одна полюбила меня, чудище противное и безобразное, за мои ласки и угождения, за мою душу добрую, за любовь мою к тебе несказанную, и будешь ты за то женою короля славного, королевою в царстве могучем.

Тогда все тому подивилися, свита до земли преклонилася. Честной купец дал своё благословение дочери меньшой, любимой, и молодому принцу-королевичу. И поздравили жениха с невестою сёстры старшие, завистные, и все слуги верные, бояре великие и кавалеры ратные, и нимало не медля принялись весёлым пирком да за свадебку, и стали жить да поживать, добра наживать.

Я сама там была, пиво-мёд пила, по усам текло, да в рот не попало.

Объяснения
устаревших слов и выражений

Аглицкий – английский

Беспорочный – без повреждений, без изъяна

Бусурмане – люди чужой веры

В некиим царстве – в некотором царстве

Ведать – знать; *неведомо* – неизвестно

Венути – повеять, подуть

Глас послушания – ответ, ответный голос

Горница – первоначально так называли комнату в верхнем этаже дома, впоследствии – также чистую половину крестьянской избы

Жемчуг бурмицкий – особенно крупный, круглый жемчуг

Запись своей руки, запись заручная – расписка

Инда – даже, так что

Кавалеры ратные – награждённые за воинские подвиги

Казна – деньги

Камка – шёлковая цветная ткань с узорами

Кармазинное сукно – тонкое сукно ярко-красного цвета

Колода – короткое, толстое бревно

Красная девица – в старину на Руси слово «красный» имело значение «красивый»

Кручиниться – горевать, печалиться; *кручина* – горе, печаль

Муравчатый – здесь: поросший муравой – свежей зелёной мелкой травой

Набольший – самый главный

Палаты каменные – дворец; помещения во дворце

Парча – шёлковая плотная материя, затканная золотыми или серебряными нитками

Попытать – здесь: посмотреть, примерить

Поруку давать – ручаться, подтверждать правоту

Почивать (опочивать) – спать; *опочивальня* – спальня

Прыску́чий – стремительный, быстрый

Пя́льцы – прибор для рукоделия в виде рамы на подставке, куда вставляется туго натянутая ткань, по которой вышивают

Саже́нь (са́жень) – старинная мера длины, равная трём аршинам (аршин – 71 сантиметр), то есть 2,13 метра

Се́нная девушка – служанка, находилась в сенях, в прихожей, перед комнатой госпожи

Середови́ч – человек средних лет

Скатерть бра́ная – скатерть, вытканная узорами

Сумле́ние – сомнение

Те́рем – богатый дом в виде башни

То́рная дорога – ровная, наезженная, гладкая

Тувале́т – туалет, столик с зеркалом

Уро́чный час – час условленного, назначенного срока

Хранить па́че зени́цы о́ка – беречь что-либо больше, чем глаза

Че́лядь дворо́вая – слуги в доме

Черво́нный – красный

Черто́г – пышное, великолепное здание, помещение

Шири́нка – широкое полотенце, вырезанное из полотна во всю его ширину

Я́ства – роскошные, изысканные кушанья

Я́хонт – старинное название рубина и сапфира

УДК 821.161.1–82-34-93
ББК 84(2Рос=Рус)1-4
А 41

Серия «Волшебная страна»

Для детей старше 6 лет

АКСАКОВ
Сергей Тимофеевич
АЛЕНЬКИЙ ЦВЕТОЧЕК

Сказка ключницы Пелагеи

Художник
В.В.Нечитайло

Редактор
В.В. Безбожный

Компьютерный набор
В.А. Барановой

Компьютерная вёрстка
О.В. Чурбановой

ЕАС

Подписано в печать 05.08.2011 г.
Формат 70х100 1/16. Гарнитура «Arial».
Бумага офсетная. Печать офсетная. Усл. п.л. 10,4.
Тираж 5000. Заказ № 892.

Издание и печать АО «Книга»
344019, г. Ростов-на-Дону, ул. Советская, 57/1.
Тел.: (863) 322-00-91, 253-44-33, 251-38-63.
Факс: (863) 223-60-09.
E-mail:sales@zao-kniga.ru, kniga@zao-kniga.ru.
www.zao-kniga.ru

ISBN 978-5-87259-868-8 (Серия)
ISBN 978-5-87259-585-4